Richard Wagner

Tannhäuser und

Der Sängerkrieg auf Wartburg

Große romantische Oper in drei Akten

Richard Wagner: Tannhäuser und Der Sängerkrieg auf Wartburg.
Große romantische Oper in drei Akten

Komponiert von Richard Wagner. Uraufführung am 19.10.1845,
Königlich-Sächsisches Opernhaus (Semperoper), Dresden.

Neuausgabe mit einer Biographie des Autors
Herausgegeben von Karl-Maria Guth
Berlin 2017

Der Text dieser Ausgabe folgt:
Richard Wagner: Die Musikdramen. Mit einem Vorwort von Joachim
Kaiser, Hamburg: Hoffmann und Campe, 1971.

Die Paginierung obiger Ausgabe wird hier als Marginalie zeilengenau
mitgeführt.

Umschlaggestaltung von Thomas Schultz-Overhage unter Verwendung
des Bildes: Otto Knille, Venus und Tannhäuser, 1873

Gesetzt aus der Minion Pro, 11 pt

Verlag: Henricus - Edition Deutsche Klassik GmbH
Mörchinger Str. 33, 14169 Berlin, info@henricus-verlag.de
Druck: Libri Plureos GmbH, Friedensallee 273, 22763 Hamburg

Die Ausgaben der Sammlung Hofenberg basieren auf zuverlässigen
Textgrundlagen. Die Seitenkonkordanz zu anerkannten
Studienausgaben machen Hofenbergtexte auch in wissenschaftlichem
Zusammenhang zitierfähig.

ISBN 978-3-7437-0789-4

Bibliografische Information der Deutschen Nationalbibliothek

Die Deutsche Nationalbibliothek verzeichnet diese Publikation in der
Deutschen Nationalbibliografie; detaillierte bibliografische Daten sind
im Internet über www.dnb.de abrufbar.

Personen

Hermann, Landgraf von Thüringen

Tannhäuser

Wolfram von Eschenbach

Walther von der Vogelweide

Biterolf

Heinrich der Schreiber

Reinmar von Zweter

Elisabeth, Nichte des Landgrafen

Venus

Ein Junger Hirt

Vier Edelknaben

Thüringische Ritter, Grafen und Edelleute

Edelfrauen

Ältere und Jüngere Pilger

Sirenen. Najaden. Nymphen. Bacchantinnen

222 *Thüringen. Wartburg. Zu Anfang des 13. Jahrhunderts*

Erster Akt

Erste Szene

*Die Bühne stellt das Innere des Venusberges dar. Weite Grotte,
welche sich im Hintergrunde durch eine Biegung nach rechts wie
unabsehbar dahinzieht. Im fernsten sichtbaren Hintergrunde dehnt
sich ein bläulicher See aus; in ihm erblickt man die badenden
Gestalten von Najaden; auf seinen erhöhten Ufervorsprüngen sind
Sirenen gelagert. Im äußersten Vordergrunde links liegt Venus auf
einem Lager ausgestreckt, vor ihr halb kniend Tannhäuser, das
Haupt in ihrem Schoße. Die ganze Grotte ist durch rosiges Licht
erleuchtet. – Den Mittelgrund nimmt eine Gruppe tanzender
Nymphen ein; auf etwas erhöhten Vorsprüngen an den Seiten der
Grotte sind liebende Paare gelagert, von denen sich einzelne nach
und nach in den Tanz der Nymphen mischen. – Ein Zug von
Bacchantinnen kommt aus dem Hintergrunde in wildem Tanze
dahergebraust; sie durchziehen mit trunkenen Gebärden die
Gruppen der Nymphen und liebenden Paare, welche durch sie bald
zu größerem Ungestüm hingerissen werden. – Dem immer wilder
gewordenen Tanze antwortet wie im Echo der Gesang der*

SIRENEN.
Naht euch dem Strande!

*Die Tanzenden halten in der leidenschaftlichsten Gruppe plötzlich
an und lauschen dem Gesange*

Naht euch dem Lande,
wo in den Armen
glühender Liebe
selig Erwarmen
still' eure Triebe!

*Von Neuem belebt sich der Tanz und gelangt zu dem äußersten
Grade wilden Ungestümes. – Mit dem Momente der trunkensten
bacchantischen Wut tritt eine schnell um sich greifende Erschlaffung
ein. Die liebenden Paare scheiden sich nach und nach vom Tanze*

aus und lagern sich wie in angenehmer Ermattung auf den
Vorsprüngen der Grotte. Der Zug der Bacchantinnen verschwindet
nach dem Hintergrunde zu, vor welchem sich ein immer dichter
werdender Duft ausbreitet. Auch im Vordergrunde senkt sich
allmählich ein dichterer Duft herab und verhüllt die Gruppen der
Schlafenden wie in rosige Wolken, so daß endlich der sichtbare
Teil der frei gelassenen Bühne sich nur noch auf einen kleinen
Raum beschränkt, in welchem bloß Venus und Tannhäuser in
ihrer früheren Stellung zurückbleiben. In weiter Ferne verhallt der
Gesang der Sirenen

SIRENEN *sehr entfernt.*
Naht euch dem Strande!
Naht euch dem Lande!

Zweite Szene

Tannhäuser zuckt mit dem Haupte empor, als fahre er aus einem
Traume auf. – Venus zieht ihn schmeichelnd zurück. – Tannhäuser
führt die Hand über die Augen, als suche er ein Traumbild
festzuhalten

VENUS.
Geliebter, sag? Wo weilt dein Sinn?
TANNHÄUSER.
Zuviel! Zuviel! O, daß ich nun erwachte!
VENUS.
Sag, was kümmert dich?
TANNHÄUSER.
Im Traum war mir's, als hörte ich –
was meinem Ohr so lange fremd –
als hörte ich der Glocken frohes Geläute …
O sag, wie lange hört' ich's doch nicht mehr?
VENUS.
Wohin verlierst du dich? Was faßt dich an?
TANNHÄUSER.
Die Zeit, die hier ich verweil, ich kann sie nicht
ermessen! Tage, Monde – gibt's für mich

nicht mehr, – denn nicht mehr sehe ich die Sonne,
nicht mehr des Himmels freundliche Gestirne; –
den Hahn seh ich nicht mehr, der frisch ergrünend
den neuen Sommer bringt; – die Nachtigall
hör ich nicht mehr, die mir den Lenz verkünde!
Hör ich sie nie, seh ich sie niemals mehr?

VENUS *sich in dem Lager aufrichtend.*
Ha, was vernehm ich!
Welche tör'ge Klagen!
Bist du so bald der holden Wunder müde,
die meine Liebe dir bereitet? Oder
wie? Reut es dich so sehr, ein Gott zu sein?
Hast du so bald vergessen, wie du einst
gelitten, während jetzt du dich erfreust?
Mein Sänger, auf! Ergreife deine Harfe!
Die Liebe feire, die so herrlich du besingst,
daß du der Liebe Göttin selber dir gewannst, –
die Liebe feire, da ihr höchster Preis dir ward!

TANNHÄUSER *zu einem plötzlichen Entschlusse ermannt, ergreift
seine Harfe und stellt sich feierlich vor Venus hin.*
Dir töne Lob! Die Wunder sei'n gepriesen,
die deine Macht mir Glücklichem erschuf!
Die Wonnen süß, die deiner Huld entsprießen,
erheb mein Lied in lautem Jubelruf!
Nach Freude, ach! nach herrlichem Genießen
verlangt' mein Herz, es dürstete mein Sinn:
da, was nur Göttern einstens du erwiesen,
gab deine Gunst mir Sterblichem dahin. –
Doch sterblich, ach! bin ich geblieben,
und übergroß ist mir dein Lieben;
wenn stets ein Gott genießen kann,
bin ich dem Wechsel untertan;
nicht Lust allein liegt mir am Herzen,
aus Freuden sehn ich mich nach Schmerzen!
Aus deinem Reiche muß ich fliehn, –
oh, Königin! Göttin, laß mich ziehn!

VENUS.

Was muß ich hören? Welch ein Sang!
Welch trübem Ton verfällt dein Lied?
Wohin floh die Begeistrung dir,
die Wonnesang dir nur gebot?
Was ist's? Worin war meine Liebe lässig?
Geliebter, wessen klagest du mich an?

TANNHÄUSER.

Dank deiner Huld, gepriesen sei dein Lieben!
Beglückt für immer, wer bei dir geweilt!
Ewig beneidet, wer mit warmen Trieben
in deinen Armen Götterglut geteilt!
Entzückend sind die Wunder deines Reiches,
die Zauber aller Wonnen atm' ich hier;
kein Land der weiten Erde bietet Gleiches,
was sie besitzt, scheint leicht entbehrlich dir.
Doch ich aus diesen ros'gen Düften
verlange nach des Waldes Lüften,
nach unsres Himmels klarem Blau,
nach unsrem frischen Grün der Au, –
nach unsrer Vöglein liebem Sange,
nach unsrer Glocken trautem Klange; –
aus deinem Reiche muß ich fliehn!
225   O Königin! Göttin, laß mich ziehn!

VENUS.

Treuloser! Weh, was lässest du mich hören?
Du wagest meine Liebe zu verhöhnen!
Du preisest sie und willst sie dennoch fliehn!
Zum Überdruß ist dir mein Reiz gediehn!

TANNHÄUSER.

Ach, schöne Göttin! Wolle mir nicht zürnen!
Dein übergroßer Reiz ist's, den ich fliehe!

VENUS.

Weh dir, Verräter! Heuchler! Undankbarer! Weh!
Ich laß dich nicht! Du darfst nicht von mir ziehn!

TANNHÄUSER.

Nie war mein Lieben größer, niemals wahrer,
als jetzt, da ich für ewig dich muß fliehn!

*Venus hat ihr mit den Händen bedecktes Gesicht leidenschaftlich
von Tannhäuser abgewendet; nach einer Pause wendet sie es ihm
lächelnd und mit verführerischem Ausdruck wieder zu.*

VENUS.

Geliebter, komm! Sieh dort die Grotte,
von ros'gen Düften mild durchwallt!
Entzücken böt selbst einem Gotte
der süß'sten Freuden Aufenthalt.
Besänftigt auf dem weichsten Pfühle
flieh deine Glieder jeder Schmerz!
Dein brennend Haupt umwehe Kühle,
wonnige Glut durchschwelle dein Herz!
Aus holder Ferne mahnen süße Klänge,
daß dich mein Arm in trauter Näh umschlänge;
von meinen Lippen schlürfst du Göttertrank,
aus meinen Augen strahlt dir Liebesdank!
Ein Freudenfest soll unsrem Bund entstehen,
der Liebe Feier laß uns froh begehen!
Nicht sollst du ihr ein scheues Opfer weihn,
nein! mit der Liebe Göttin schwelge im Verein!

SIRENEN *aus weiter Ferne, unsichtbar.*

Naht euch dem Strande! Naht euch dem Lande!

VENUS *während sie sucht Tannhäuser sanft nach sich zu ziehen.*

Mein Ritter, mein Geliebter! Willst du fliehen?

TANNHÄUSER *auf das Äußerste hingerissen, greift mit trunkener
Gebärde in die Harfe.*

Stets soll nur dir, nur dir mein Lied ertönen,
gesungen laut sei nur dein Preis von mir!
Dein süßer Reiz ist Quelle alles Schönen,
und jedes holde Wunder stammt von dir.
Die Glut, die du mir in das Herz gegossen,
als Flamme lodre hell sie dir allein!

Ja, gegen alle Welt will unverdrossen
fortan ich nun dein kühner Streiter sein!

Er läßt sich die Harfe entsinken

Doch hin muß ich zur Welt der Erden, –
bei dir kann ich nur Sklave werden;
nach Freiheit doch verlangt es mich,
nach Freiheit, Freiheit dürste ich: –
zu Kampf und Streite will ich stehn,
sei's auch zum Tod und Untergehn!
Drum muß aus deinem Reich ich fliehn –!
Oh, Königin! Göttin! Laß mich ziehn!

VENUS *im heftigsten Zorne.*

Zieh hin, Wahnsinniger! Zieh hin!
Verräter, sieh, nicht halt ich dich!
Ich geb dich frei! Zieh hin! Zieh hin!
Was du verlangst, das sei dein Los!
Zieh hin! Zieh hin!
Hin zu den kalten Menschen flieh,
vor deren blödem, trübem Wahn
der Freude Götter wir entflohn
tief in der Erde wärmenden Schoß.
Zieh hin, Betörter, suche dein Heil!
Suche dein Heil, und find es nie!
Bald weicht der Stolz aus deiner Seel,
demütig seh' ich dich mir nahn!
Zerknirscht, zertreten suchst du mich auf,
flehst um die Zauber meiner Macht!

TANNHÄUSER.

Ach, schöne Göttin, lebe wohl!
Nie kehre ich zu dir zurück!

VENUS.

Ha! kehrtest du mir nie zurück! …

Verzweiflungsvoll

Kehrst du nicht wieder, ha! so sei verfluchet
von mir das ganze menschliche Geschlecht!

Nach meinen Wundern dann vergebens suchet!
Die Welt sei öde und ihr Held ein Knecht!
Kehr wieder, kehre mir zurück!
TANNHÄUSER.
Nie mehr erfreu mich Liebesglück!
VENUS.
Kehr wieder, wenn dein Herz dich zieht!
TANNHÄUSER.
Für ewig dein Geliebter flieht!
VENUS.
Wann alle Welt dich von sich stößt ...
TANNHÄUSER.
Vom Bann werd ich durch Buß erlöst!
VENUS.
Nie wird Vergebung dir zuteil!
Kehr wieder,schließt sich dir das Heil!
TANNHÄUSER.
Mein Heil! Mein Heil ruht in Maria!

227

Venus sinkt mit einem Schrei zusammen und verschwindet. Mit
Blitzesschnelle verwandelt sich die Bühne.

Dritte Szene

Tannhäuser, der seine Stellung nicht verlassen, befindet sich
plötzlich, in ein schönes Tal versetzt. Blauer Himmel, heitere
Sonnenbeleuchtung. – Rechts im Hintergrunde die Wartburg; durch
die Talöffnung nach links erblickt man den Hörselberg. – Rechts
führt auf der halben Höhe des Tales ein Bergweg von der Richtung
der Wartburg her nach dem Vordergrunde zu, wo er dann seitwärts
abbiegt; in demselben Vordergrunde ist ein Muttergottesbild, zu
welchem ein niedriger Bergvorsprung hinaufführt. – Von der Höhe
links vernimmt man das Geläut von Herdeglocken; auf einem
hohen Vorsprunge sitzt ein junger Hirt mit der Schalmei dem Tale
zugekehrt

DER HIRT *spielt auf der Schalmei.*
Frau Holda kam aus dem Berg hervor,

zu ziehn durch Fluren und Auen, –
gar süßen Klang vernahm da mein Ohr,
mein Auge begehrte zu schauen;
da träumt ich manchen holden Traum,
und als mein Aug erschlossen kaum,
da strahlte warm die Sonnen,
der Mai, der Mai war kommen.
Nun spiel ich lustig die Schalmei,
der Mai ist da, der liebe Mai!

Er spielt auf der Schalmei. Man hört den Gesang der älteren Pilger, welche, von der Richtung der Wartburg herkommend, auf dem Bergwege sich nähern

DIE ÄLTEREN PILGER.
Zu dir wall ich, mein Jesus Christ,
der du des Pilgers Hoffnung bist!
Gelobt sei, Jungfrau süß und rein!
Der Wallfahrt wolle günstig sein!

Der Hirt, den Gesang vernehmend, hält auf der Schalmei ein und hört andächtig zu

228 Ach, schwer drückt mich der Sünden Last,
kann länger sie nicht mehr ertragen;
drum will ich auch nicht Ruh noch Rast,
und wähle gern mir Müh und Plagen,
Am hohen Fest der Gnad und Huld
in Demut büß ich meine Schuld,
gesegnet, wer im Glauben treu!
Er wird erlöst durch Buß und Reu.

DER HIRT *als die Pilger auf der ihm gegenüberliegenden Höhe angelangt sind, ruft ihnen, die Mütze schwenkend, laut zu.*
Glück auf! Glück auf nach Rom!
Betet für meine arme Seele!

Tannhäuser, der in der Mitte der Bühne wie festgewurzelt gestanden, sinkt heftig erschüttert auf die Knie

TANNHÄUSER.

Allmächt'ger, dir sei Preis!
Groß sind die Wunder deiner Gnade!

*Der Zug der Pilger biegt von hier an auf dem Bergwege bei dem
Muttergottesbilde links ab und verläßt so die Bühne. – Der Hirt
entfernt sich ebenfalls mit der Schalmei rechts von der Höhe; man
hört die Herdeglocken immer entfernter*

DIE PILGER.

Zu dir wall ich, mein Jesus Christ,
der du des Pilgers Hoffnung bist!
Gelobt sei, Jungfrau süß und rein!
Der Wallfahrt wolle günstig sein!

Die Pilger haben hier bereits die Bühne verlassen

TANNHÄUSER *auf den Knien, wie in brünstiges Gebet versunken.*

Ach, schwer drückt mich der Sünden Last,
kann länger sie nicht mehr ertragen;
drum will ich auch nicht Ruh noch Rast,
und wähle gern mir Müh und Plagen …

*Tränen ersticken seine Stimme; er neigt das Haupt tief zur Erde
und scheint heftig zu weinen. – Aus dem Hintergrunde, sehr
entfernt, wie von Eisenach her, hört man Glockengeläute*

DIE PILGER *sehr entfernt.*

Am hohen Fest der Gnad und Huld
in Demut sühn ich meine Schuld,
gesegnet, wer im Glauben treu! …

*Während sich der Klang der Hörner allmählich nähert, schweigt
das entfernte Geläute*

Vierte Szene

*Von der Anhöhe links herab, aus einem Waldwege, treten der
Landgraf und die Sänger in Jägertracht einzeln auf. Im Verlaufe*

*der Szene findet sich der ganze Jagdtroß des Landgrafen nach und
nach auf der Bühne ein*

DER LANDGRAF *auf halber Höhe, Tannhäuser erblickend.*
    Wer ist dort in brünstigem Gebete?
WALTHER.
    Ein Büßer wohl.
BITEROLF.
    Nach seiner Tracht ein Ritter.

Wolfram eilt zunächst auf Tannhäuser zu und erkennt ihn

WOLFRAM.
    Er ist es!
DIE SÄNGER UND DER LANDGRAF.
    Heinrich! Heinrich! Seh ich recht?

*Tannhäuser, der überrascht schnell aufgefahren ist, faßt sich und
verneigt sich stumm gegen den Landgrafen, nachdem er einen
flüchtigen Blick auf ihn und die Sänger geworfen*

LANDGRAF.
    Du bist es wirklich? Kehrest in den Kreis zurück,
    den du in Hochmut stolz verließest?
BITEROLF.
    Sag, was uns deine Wiederkehr bedeutet?
    Versöhnung? Oder gilt's erneutem Kampf?
WALTHER.
    Nahst du als Freund uns oder Feind? Als Feind?
DIE ANDEREN SÄNGER AUSSER WOLFRAM.
    Als Feind?
WOLFRAM.
    Oh, fraget nicht! Ist dies des Hochmuts Miene?

Er geht freundlich auf Tannhäuser zu

    Gegrüßt sei uns, du kühner Sänger,
    der, ach, so lang in unsrer Mitte fehlt!
WALTHER.
    Willkommen, wenn du friedlich nahst!

BITEROLF.

Gegrüßt, wenn du uns Freunde nennst!

ALLE SÄNGER.

Gegrüßt, gegrüßt, gegrüßt sei uns!

LANDGRAF.

So sei willkommen denn auch mir!

Sag an, wo weiltest du so lang?

TANNHÄUSER.

Ich wanderte in weiter, weiter Fern, –

da, wo ich nimmer Rast noch Ruhe fand.

Fragt nicht! Zum Kampf mit euch kam ich nicht her;

seid mir versöhnt – und laßt mich weiterziehn!

LANDGRAF.

Nicht doch! Der Unsre bist du neu geworden.

WALTHER.

Du darfst nicht ziehn!

BITEROLF.

Wir lassen dich nicht fort!

TANNHÄUSER.

Laßt mich! Mir frommet kein Verweilen,

und nimmer kann ich rastend stehn!

Mein Weg heißt mich nur vorwärts eilen,

und nimmer darf ich rückwärts sehn.

DER LANDGRAF UND DIE SÄNGER.

O bleib! Bei uns sollst du verweilen,

wir lassen dich nicht von uns gehn! 230

Du suchtest uns, warum enteilen

nach solchem kurzen Wiedersehn?

TANNHÄUSER *sich losreißend.*

Fort! Fort von hier! Laßt mich! Fort, fort!

DIE SÄNGER.

Bleib, bleib bei uns!

WOLFRAM *mit erhobener Stimme.*

Bleib bei Elisabeth!

TANNHÄUSER *heftig und freudig erschüttert, bleibt wie festgebannt stehen.*

Elisabeth! O Macht des Himmels,

14

rufst du den süßen Namen mir?
WOLFRAM.
    Nicht sollst du Feind mich schelten, daß ich ihn genannt. –

    Zu dem Landgrafen

    Erlaubest du mir, Herr, daß ich
    Verkünder seines Glücks ihm sei?
LANDGRAF.
    Nenn ihm den Zauber, den er ausgeübt;
    und Gott verleih ihm Tugend,
    daß würdig er ihn löse!
WOLFRAM.
    Als du in kühnem Sange uns bestrittest,
    bald siegreich gegen unsre Lieder sangst,
    durch unsre Kunst Besiegung bald erlittest,
    ein Preis doch war's, den du allein errangst.
    War's Zauber, war es reine Macht,
    durch die solch Wunder du vollbracht,
    an deinen Sang voll Wonn und Leid
    gebannt die tugendreichste Maid?
    Denn ach! als du uns stolz verlassen,
    verschloß ihr Herz sich unsrem Lied;
    wir sahen ihre Wang erblassen,
    für immer unsren Kreis sie mied.
    O kehr zurück, du kühner Sänger,
    dem unsren sei dein Lied nicht fern!
    Den Festen fehle sie nicht länger,
    auf's Neue leuchte uns ihr Stern!
DIE SÄNGER.
    Sei unser, Heinrich! Kehr uns wieder!
    Zwietracht und Streit sei abgetan!
    Vereint ertönen unsre Lieder,
    und Brüder nenne uns fortan!
TANNHÄUSER *innig gerührt, umarmt Wolfram und die Sänger mit*
    Heftigkeit.
    Zu ihr! Zu ihr! O führet mich zu ihr!
    Ha, jetzt erkenne ich sie wieder,

die schöne Welt, der ich entrückt!
Der Himmel blickt auf mich hernieder,
die Fluren prangen reich geschmückt!
Der Lenz mit tausend holden Klängen
zog jubelnd in die Seele mir!
In süßem, ungestümem Drängen
ruft laut mein Herz: Zu ihr! Zu ihr!
LANDGRAF UND DIE SÄNGER.
Er kehrt zurück, den wir verloren!
Ein Wunder hat ihn hergebracht!
Die ihm den Übermut beschworen,
gepriesen sei die holde Macht!
Nun lausche unsren Hochgesängen
von Neuem der Gepries'nen Ohr!
Es tön' in frohbelebten Klängen
das Lied aus jeder Brust hervor!

Während des Vorhergehenden hat sich nach und nach der ganze
Jagdtraß des Landgrafen mit Falkenträgern usw. auf der Bühne
versammelt. Die Jäger stoßen in die Hörner. – Das ganze Tal
wimmelt jetzt vom immer noch stärker angewachsenen Jagdroß.
– Der Landgraf und die Sänger wenden sich dem Jagdtroß zu; der
Landgraf stößt in sein Horn: lautes Hornschmettern und
Rüdengebell antwortet ihm. – Während der Landgraf und die
Sänger die Pferde, die ihnen von der Wartburg zugeführt worden
sind, besteigen, fällt der Vorhang 232

Zweiter Akt

Erste Szene

Die Sängerhalle auf der Wartburg; im Hintergrunde freie Aussicht auf den Hof und das Tal

ELISABETH *tritt freudig bewegt ein.*
Dich, teure Halle, grüß ich wieder,
froh grüß ich dich, geliebter Raum!
In dir erwachen seine Lieder
und wecken mich aus düstrem Traum.
Da Er aus dir geschieden,
wie öd erschienst du mir!
Aus mir entfloh der Frieden,
die Freude zog aus dir!
Wie jetzt mein Busen hoch sich hebet,
so scheinst du jetzt mir stolz und hehr;
der mich und dich so neu belebet,
nicht länger weilt er ferne mehr!
Sei mir gegrüßt! Sei mir gegrüßt!
Du teure Halle, sei mir gegrüßt!

Tannhäuser, von Wolfram geleitet, tritt mit diesem aus der Treppe im Hintergrunde auf.

Zweite Szene

Elisabeth erblickt Tannhäuser

WOLFRAM.
Dort ist sie; nahe dich ihr ungestört!

Er bleibt an die Mauerbrüstung gelehnt im Hintergrunde. – Tannhäuser stürzt ungestüm zu Elisabeths Füßen

TANNHÄUSER.
O, Fürstin!

ELISABETH *in schüchterner Verwirrung.*

Gott! Stehet auf! Laßt mich! Nicht darf ich Euch hier sehn!

Sie macht eine Bewegung sich zu entfernen

TANNHÄUSER.

Du darfst! O bleib, und laß zu deinen Füßen mich!

Elisabeth wendet sich ihm freundlich zu

ELISABETH.

So stehet auf!
Nicht sollet hier Ihr knien, denn diese Halle
ist Euer Königreich. O, stehet auf!
Nehmt meinen Dank, daß Ihr zurückgekehrt!
Wo weiltet Ihr so lange?

TANNHÄUSER *sich langsam erhebend.*

Fern von hier,
in weiten, weiten Landen; – dichtes Vergessen
hat zwischen heut und gestern sich gesenkt.
All mein Erinnern ist mir schnell geschwunden,
und nur des Einen muß ich mich entsinnen,
daß ich nie mehr gehofft, Euch zu begrüßen,
noch je zu Euch mein Auge zu erheben.

ELISABETH.

Was war es dann, das Euch zurückgeführt?

TANNHÄUSER.

Ein Wunder war's,
ein unbegreiflich hohes Wunder!

ELISABETH *freudig aufwallend.*

Ich preise dieses Wunder aus meines Herzens Tiefe!

Sich mäßigend, in Verwirrung

Verzeiht, wenn ich nicht weiß, was ich beginne!
Im Traum bin ich und tör'ger als ein Kind,
machtlos der Macht der Wunder preisgegeben.
Fast kenn ich mich nicht mehr ... O helfet mir,
daß ich das Rätsel meines Herzens löse!
Der Sänger klugen Weisen

233

lauscht ich sonst wohl gern und viel;
ihr Singen und ihr Preisen
schien mir ein holdes Spiel.
Doch welch ein seltsam neues Leben
rief Euer Lied mir in die Brust!
Bald wollt es mich wie Schmerz durchbeben,
bald drang's in mich wie jähe Lust;
Gefühle, die ich nie empfunden,
Verlangen, das ich nie gekannt!
Was sonst mir lieblich, war verschwunden
vor Wonnen, die noch nie genannt! –
Und als Ihr nun von uns gegangen,
war Frieden mir und Lust dahin;
die Weisen, die die Sänger sangen,
erschienen matt mir, trüb ihr Sinn;
im Traume fühlt ich dumpfe Schmerzen,
mein Wachen ward trübsel'ger Wahn:
die Freude zog aus meinem Herzen –
Heinrich! Heinrich! Was tatet Ihr mir an?

TANNHÄUSER *begeistert.*

Den Gott der Liebe sollst du preisen!
Er hat die Saiten mir berührt,
er sprach zu dir aus meinen Weisen,
zu dir hat er mich hergeführt.

ELISABETH.

Gepriesen sei die Stunde,
gepriesen sei die Macht,
die mir so holde Kunde
von Eurer Näh gebracht!
Von Wonneglanz umgeben
lacht mir der Sonne Schein;
erwacht zu neuem Leben,
nenn ich die Freude mein!

TANNHÄUSER.

Gepriesen sei die Stunde,
gepriesen sei die Macht,
die mir so holde Kunde

aus deinem Mund gebracht!
Dem neu erkannten Leben
darf ich mich mutig weihn;
ich nenn in freud'gem Beben
sein schönstes Wunder mein!
WOLFRAM *im Hintergrunde.*
So flieht für dieses Leben
mir jeder Hoffnung Schein!

Tannhäuser trennt sich von Elisabeth; er geht auf Wolfram zu,
umarmt ihn heftig und entfernt sich mit ihm durch die Treppe. –
Elisabeth blickt Tannhäuser vom Balkon aus nach.

Dritte Szene

Der Landgraf tritt aus einer Seitentüre ein. Elisabeth eilt auf ihn
zu und birgt ihr Gesicht an seiner Brust

LANDGRAF.
Dich treff ich hier in dieser Halle, die
so lange du gemieden? Endlich denn
lockt dich ein Sängerfest, das wir bereiten?
ELISABETH.
Mein Oheim! O, mein güt'ger Vater!
LANDGRAF.
Drängt
es dich, dein Herz mir endlich zu erschließen?
ELISABETH.
Sieh mir ins Auge! Sprechen kann ich nicht.
LANDGRAF.
Noch bleibe denn unausgesprochen
dein süß Geheimnis kurze Frist;
der Zauber bleibe ungebrochen
bis du der Lösung mächtig bist.
So sei's! Was der Gesang so Wunderbares
erweckt und angeregt, soll heute er
enthüllen und mit Vollendung krönen;
die holde Kunst, sie werde jetzt zur Tat!

Man hört im Hintergrunde, tief, wie im Schloßhof, Trompeten

Schon nahen sich die Edlen meiner Lande,
die ich zum seltnen Fest hieher beschied;
zahlreicher nahen sie als je, da sie
gehört, daß du des Festes Fürstin seist.

Vierte Szene

*Der Landgraf und Elisabeth treten an den Balkon, um nach der
Ankunft der Gäste zu sehen. Vier Edelknaben treten auf und
melden an. Sie erhalten vom Landgrafen Befehl für den Empfang
usw. – Die Ritter und Grafen treten einzeln mit Edelfrauen und
Gefolge, welches im Hintergrunde bleibt, ein und werden vom
Landgrafen und von Elisabeth empfangen*

CHOR.
Freudig begrüßen wir die edle Halle,
wo Kunst und Frieden immer nur verweil,
wo lange noch der frohe Ruf erschalle:
Thüringens Fürsten, Landgraf Hermann, Heil!

*Die Versammelten haben alle die ihnen angewiesenen, einen großen
Halbkreis bildenden Plätze eingenommen. Der Landgraf und
Elisabeth nehmen im Vordergrunde unter einem Baldachin
Ehrensitze ein. – Trompeten. – Die Sänger treten auf, begrüßen
die Versammlung und werden von den Edelknaben nach ihren
Sitzen geleitet (die in der leer gelassenen Mitte des Saales einen
engeren Halbkreis bilden. Tannhäuser im Mittelgrunde rechts,
Wolfram am entgegengesetzten Ende links, der Versammlung
gegenüber). – Der Landgraf erhebt sich*

LANDGRAF.
Gar viel und schön ward hier in dieser Halle
von euch, ihr lieben Sänger, schon gesungen;
in weisen Rätseln wie in heitren Liedern
erfreutet ihr gleich sinnig unser Herz.
Wenn unser Schwert in blutig ernsten Kämpfen
stritt für des deutschen Reiches Majestät,

wenn wir dem grimmen Welfen widerstanden,
und dem verderbenvollen Zwiespalt wehrten:
so ward von euch nicht mindrer Preis errungen.
Der Anmut und der holden Sitte,
der Tugend und dem reinen Glauben
erstrittet ihr durch eure Kunst
gar hohen, herrlich schönen Sieg.
Bereitet heute uns denn auch ein Fest,
heut, wo der kühne Sänger uns zurückgekehrt,
den wir so ungern lang vermißten.
Was wieder ihn in unsre Nähe brachte,
ein wunderbar Geheimnis dünkt es mich;
durch Liedes Kunst sollt ihr es uns enthüllen;
deshalb stell ich die Frage jetzt an euch:
könnt ihr der *Liebe* Wesen mir ergründen?
Wer es vermag, wer sie am würdigsten
besingt, dem reich Elisabeth den Preis, –
er fordre ihn so hoch und kühn er wolle,
ich sorge, daß sie ihn gewähren solle.
Auf, liebe Sänger! Greifet in die Saiten!
Die Aufgab ist gestellt, – kämpft um den Preis,
und nehmet All im voraus unsren Dank!
CHOR DER RITTER UND EDELFRAUEN.
    Heil! Heil! Thüringens Fürsten Heil!
    Der holden Kunst Beschützer Heil! Heil! Heil!

*Alle setzen sich. Die vier Edelknaben treten hervor; sie sammeln
in einem goldenen Becher von jedem der Sänger seinen auf ein
zusammengerolltes Blättchen gezeichneten Namen; darauf reichen
sie den Becher Elisabeth, welche eines der Blättchen herauszieht
und wiederum den Edelknaben reicht; diese lesen, treten feierlich
in die Mitte und rufen:*

VIER EDELKNABEN.
    Wolfram von Eschenbach beginne!

Sie setzen sich zu Füßen des Landgrafen und Elisabeths nieder. –
Wolfram erhebt sich. Tannhäuser stützt sich, wie in Träumerei
verfallend, auf seine Harfe.

WOLFRAM.
Blick ich umher in diesem edlen Kreise,
welch hoher Anblick macht mein Herz erglühn!
So viel der Helden, tapfer, deutsch und weise,
ein stolzer Eichwald, herrlich, frisch und grün; –
und hold und tugendsam erblick ich Frauen,
lieblicher Blüten düftereichster Kranz.
Es wird der Blick wohl trunken mir vom Schauen,
mein Lied verstummt vor solcher Anmut Glanz.
Da blick ich auf zu *einem* nur der Sterne,
der an dem Himmel, der mich blendet, steht: –
es sammelt sich mein Geist aus jeder Ferne,
andächtig sinkt die Seele in Gebet.
Und sieh, mir zeiget sich ein Wunderbronnen,
in den mein Geist voll hohen Staunens blickt;
aus ihm er schöpfet gnadenreiche Wonnen,
durch die mein Herz er namenlos erquickt.
Und nimmer möcht ich diesen Bronnen trüben,
berühren nicht den Quell mit frevlem Mut:
in Anbetung möcht ich mich opfernd üben,
vergießen froh mein letztes Herzensblut!
Ihr Edlen mögt in diesen Worten lesen,
wie ich erkenn der Liebe reinstes Wesen.

Er setzt sich

DIE RITTER UND FRAUEN *in beifälliger Bewegung.*
So ist's! So ist's! Gepriesen sei dein Lied!
TANNHÄUSER *der gegen das Ende von Wolframs Gesänge wie aus*
dem Traume aufgefahren ist, erhebt sich.
Auch ich darf mich so glücklich nennen
zu schaun, was, Wolfram, du geschaut.
237 Wer sollte nicht den Bronnen kennen?
Hör, seine Tugend preis ich laut!

Doch, ohne Sehnsucht heiß zu fühlen
ich seinem Quell nicht nahen kann;
des Durstes Brennen muß ich kühlen,
getrost leg ich die Lippen an –
in vollen Zügen trink ich Wonnen,
in die kein Zagen je sich mischt,
denn unversiegbar ist der Bronnen,
wie mein Verlangen nie erlischt.
So, daß mein Sehnen ewig brenne,
lab an dem Quell ich ewig mich.
Und wisse, Wolfram, so erkenne
der Liebe wahrstes Wesen ich!

*Er setzt sich. – Elisabeth macht eine Bewegung, ihren Beifall zu
bezeugen; da aber Alles in ernstem Schweigen verharrt, hält sie
sich schüchtern zurück*

WALTHER VON DER VOGELWEIDE *erhebt sich.*
Den Bronnen, den uns Wolfram nannte,
ihn schaut auch meines Geistes Licht;
doch, der in Durst für ihn entbrannte,
du, Heinrich, kennst ihn wahrlich nicht.
Laß dir denn sagen, laß dich lehren:
der Bronnen ist die *Tugend* wahr;
du sollst in Inbrunst ihn verehren
und opfern seinem holden Klar.
Legst du an seinen Quell die Lippen,
zu kühlen frevle Leidenschaft,
ja, wolltest du am Rand nur nippen,
wich ewig ihm die Wunderkraft!
Willst du Equickung aus dem Bronnen haben,
mußt du dein Herz – nicht deinen Gaumen laben.

Er setzt sich

CHOR DER RITTER UND FRAUEN.
Heil Walther! Preis sei deinem Liede!
TANNHÄUSER *erhebt sich mit Heftigkeit.*
O Walther, der du also sangest,

du hast die Liebe arg entstellt!
Wenn du in solchem Schmachten bangest,
versiegte wahrlich wohl die Welt!
Zu Gottes Preis in hoch erhabne Fernen
blickt auf zum Himmel, blickt auf zu seinen Sternen:
Anbetung solchen Wundern zollt,
da ihr sie nicht begreifen sollt!
Doch was sich der Berührung beuget,
euch Herz und Sinnen nahe liegt,
was sich, aus gleichem Stoff erzeuget,
in weicher Formung an euch schmiegt,
dem ziemt Genuß in freud'gem Triebe,
und im Genuß nur kenn ich Liebe!

Er setzt sich

BITEROLF *erhebt sich schnell und zornig.*
Heraus zum Kampfe mit uns Allen!
Wer bliebe ruhig, hört er dich?
Wird deinem Hochmut es gefallen,
so höre, Lästrer, nun auch mich!
Wenn mich begeistert hohe Liebe,
stählt sie die Waffen mir mit Mut;
daß ewig ungeschmäht sie bliebe,
vergöss ich stolz mein letztes Blut!
Für Frauenehr und hohe Tugend
als Ritter kämpf ich mit dem Schwert;
doch was Genuß beut deiner Jugend,
ist wohlfeil keines Streiches wert!
CHOR DER RITTER UND FRAUEN *in tobendem Beifall.*
Heil Biterolf! Hier unser Schwert!
TANNHÄUSER *mit immer steigender Hitze auffahrend.*
Ha, tör'ger Prahler Biterolf!
Singst du von Liebe, grimmer Wolf?
Gewißlich hast du nicht gemeint,
was mir genießenswert erscheint!
Was hast du, Ärmster, wohl genossen?
Dein Leben war nicht liebereich –

und was von Freuden dir entsprossen,
das galt wohl wahrlich keinen Streich!
DIE RITTER *in größter Aufregung.*
  Laßt ihn nicht enden! Wehrt seiner Kühnheit!
DER LANDGRAF *zu Biterolf, der das Schwert zieht.*
  Zurück das Schwert! Ihr Sänger, haltet Frieden!

    Wolfram erhebt sich; sogleich tritt wieder Ruhe ein

WOLFRAM.
  O Himmel! Laß dich jetzt erflehen!
  Gib meinem Lied der Weihe Preis!
  Gebannt laß mich die Sünde sehen
  aus diesem edlen, reinen Kreis!
  Dir, hohe Liebe, töne
  begeistert mein Gesang,
  die mir in Engels Schöne
  tief in die Seele drang!
  Du nahst als Gottgesandte,
  ich folg aus holder Fern:
  so führst du in die Lande,
  wo ewig strahlt dein Stern!

    Tannhäuser springt auf

TANNHÄUSER *in äußerster Verzückung.*
  Dir, Göttin der Liebe,
  soll mein Lied ertönen,
  gesungen, laut sei jetzt dein Preis von mir!
  Dein süßer Reiz ist Quelle alles Schönen,
  und jedes holde Wunder stammt von dir!
  Wer dich mit Glut in seine Arme geschlossen,
  was Liebe ist, kennt der, nur der allein!
  Armsel'ge, die ihr Liebe nie genossen,
  zieht hin! Zieht in den Berg der Venus ein!

    Allgemeiner Aufbruch und Entsetzen

ALLE.
  Ha! Der Verruchte! Fliehet ihn!

239

Hört es! Er war im Venusberg!
DIE EDELFRAUEN.
Hinweg! Hinweg! Aus seiner Näh!

Alle Frauen verlassen in größter Bestürzung und unter Gebärden
des Abscheus die Halle. Elisabeth, die dem Streite der Sänger mit
wachsender Angst zugehört hatte, bleibt von den Frauen allein
zurück – bleich, nur mit dem größten Aufwand ihrer Kraft an
einer der hölzernen Säulen des Baldachins sich aufrecht erhaltend.
– Der Landgraf, alle Ritter und Sänger haben ihre Sitze verlassen
und treten zusammen. Tannhäuser zur äußersten Linken, verbleibt
noch eine Zeitlang wie in Verzückung

LANDGRAF, RITTER UND SÄNGER.
Ihr habt's gehört! Sein frevler Mund
tat das Verbrechen schrecklich kund:
er hat der Hölle Lust geteilt,
im Venusberg hat er geweilt!
Entsetzlich! Scheußlich! Fluchenswert!
In seinem Blute netzt das Schwert!
Zum Höllenpfuhl zurückgesandt,
sei er gefemt, sei er gebannt!

Alle dringen mit gezücktem Schwerte auf Tannhäuser ein, der eine
trotzige Stellung einnimmt; Elisabeth stürzt dazwischen

ELISABETH.
Haltet ein!

Alle halten in größter Betroffenheit an

LANDGRAF, RITTER UND SÄNGER.
Was hör ich? Wie? Elisabeth!
Die keusche Jungfrau für den Sünder?
ELISABETH *Tannhäuser mit ihrem Körper deckend.*
Zurück! Des Todes achte ich sonst nicht!
Was ist die Wunde eures Eisens gegen
den Todesstoß, den ich von ihm empfing?
LANDGRAF, RITTER UND SÄNGER.
Elisabeth, was muß ich hören?

Wie ließ dein Herz dich so betören,
von dem die Strafe zu beschwören,
der auch so furchtbar dich verriet?
ELISABETH.
Was liegt an mir? Doch er – sein Heil!
Wollt ihr sein ewig Heil ihm rauben?
LANDGRAF, RITTER UND SÄNGER.
Verworfen hat er jedes Hoffen,
niemals wird ihm des Heils Gewinn!
Des Himmels Fluch hat ihn getroffen!
In seinen Sünden fahr er hin!

Sie dringen von neuem auf Tannhäuser ein

ELISABETH.
Zurück von ihm! Nicht ihr seid seine Richter!
Grausame! Werft von euch das wilde Schwert!
Und gebt Gehör der reinen Jungfrau Wort!
Vernehmt durch mich, was Gottes Wille ist!
Der Unglücksel'ge, den gefangen
ein furchtbar mächt'ger Zauber hält, –
wie, sollt er nie zum Heil gelangen
durch Sühn und Buß in dieser Welt?
Die ihr so stark im reinen Glauben,
verkennt ihr so des Höchsten Rat?
Wollt ihr des Sünders Hoffnung rauben,
so sagt, was euch er Leides tat?
Seht mich, die Jungfrau, deren Blüte
mit einem jähen Schlag er brach,
die ihn geliebt tief im Gemüte,
der jubelnd er das Herz zerstach! –
Ich fleh für ihn, ich flehe für sein Leben;
zur Buße lenke er reu'voll den Schritt!
Der Mut des Glaubens sei ihm neu gegeben,
daß auch für ihn einst der Erlöser litt.
TANNHÄUSER *in furchtbarer Zerknirschung zusammenstürzend.*
Weh! Weh mir Unglücksel'gem!

LANDGRAF, RITTER UND SÄNGER.
Ein Engel stieg aus lichtem Äther,
zu künden Gottes heil'gen Rat!
Blick hin, du schändlicher Verräter!
Werd inne deiner Missetat!
Du gabst ihr Tod, sie bittet für dein Leben!
Wer bliebe rauh, hört er des Engels Flehn?
Darf ich auch nicht dem Schuldigen vergeben,
dem Himmelswort kann ich nicht widerstehn!
TANNHÄUSER.
Zum Heil den Sündigen zu führen,
die Gottgesandte nahte mir;
doch ach! – sie frevelnd zu berühren
hob ich den Lästerblick zu ihr!
O du, hoch über diesen Erdengründen,
die mir den Engel meines Heils gesandt!
Erbarm dich mein, der, ach so tief in Sünden,
schmachvoll des Himmels Mittlerin verkannt!
DER LANDGRAF *feierlich in die Mitte tretend.*
Ein furchtbares Verbrechen ward begangen;
es stahl mit heuchlerischer Larve sich
zu uns der Sünde fluchbeladner Sohn. –
Wir stoßen dich von uns, bei uns darfst du
nicht weilen! Schmachbefleckt ist unser Herd
durch dich, und dräuend blickt der Himmel selbst
auf dieses Dach, das dich zu lang schon birgt!
Zur Rettung doch vor ewigem Verderben
steht offen dir ein Weg – von mir dich stoßend,
zeig ich ihn dir: nütz ihn zu deinem Heil!
Versammelt sind aus meinen Landen
bußfert'ge Pilger, stark an Zahl;
die ältren schon voran sich wandten,
die Jüngren rasten noch im Tal.
Nur um geringer Sünde willen
ihr Herz nicht Ruhe ihnen läßt;
der Buße frommen Drang zu stillen,
ziehn sie nach Rom zum Gnadenfest.

LANDGRAF, RITTER UND SÄNGER.
Mit ihnen sollst du wallen
zur Stadt der Gnadenhuld,
im Staub dort niederfallen
und büßen deine Schuld;
vor ihm stürz dich darnieder,
der Gottes Urteil spricht!
Doch kehre nimmer wieder,
ward dir sein Segen nicht!
Mußt unsre Rache weichen,
weil sie ein Engel brach,
dies Schwert wird dich erreichen,
harrst du in Sünd und Schmach!

242

ELISABETH.
Laß hin zu dir ihn wallen,
du Gott der Gnad und Huld!
Ihm, der so tief gefallen,
vergib der Sünden Schuld!
Für ihn nur will ich flehen,
mein Leben sei Gebet!
Laß ihn dein Leuchten sehen,
eh er in Nacht vergeht!
Mit freudigem Erbeben
Laß dir ein Opfer weihn: –
nimm hin, o nimm mein Leben!
Ich nenn es nicht mehr mein!
TANNHÄUSER.
Wie soll ich Gnade finden?
Wie büßen meine Schuld?
Mein Heil sah ich entschwinden,
mich flieht des Himmels Huld!
Doch will ich büßend wallen,
zerschlagen meine Brust,
im Staube niederfallen;
Zerknirschung sei mir Lust!
Oh! Daß nur er versöhnet,
der Engel meiner Not,

der sich, so frech verhöhnet,
zum Opfer doch mir bot!

GESANG DER JÜNGEREN PILGER *im Hintergrunde, tief, wie aus
dem Tale heraufschallend.*
Am hohen Fest der Gnad und Huld
in Demut sühn ich meine Schuld.
Gesegnet, wer im Glauben treu!
Er wird erlöst durch Buß und Reu!

*Alle haben, den Gesang vernehmend, von der leidenschaftlichsten
und drohendsten Gebärde zu einer milderen und gerührten
übergehend, gelauscht. – Tannhäuser, dessen Züge von einem
Scheine schnell erwachter Hoffnung verklärt werden, wendet sich
rasch zum Abgange*

TANNHÄUSER.
Nach Rom!

Er eilt ab

ALLE *rufen ihm nach.*
Nach Rom!

Dritter Akt

Tal vor der Wartburg, links der Hörselberg – wie am Schlusse
des ersten Aktes, nur in herbstlicher Färbung. Der Tag neigt sich
zum Abend. – Auf dem kleinen Bergvorsprunge rechts, vor dem
Marienbilde, liegt Elisabeth betend auf den Knien. – Wolfram
kommt links von der waldigen Höhe herab; auf halber Höhe hält
er an, als er Elisabeth gewahrt

Erste Szene

WOLFRAM.
  Wohl wußt ich hier sie im Gebet zu finden,
  wie ich so oft sie treffe, wenn ich einsam
  aus wald'ger Höh mich in das Tal verirre.
  Den Tod, den er ihr gab, im Herzen,
  dahingestreckt in brünst'gen Schmerzen,
  fleht für sein Heil sie Tag und Nacht: –
  o heil'ger Liebe ew'ge Macht!
  Von Rom zurück erwartet sie die Pilger;
  schon fällt das Laub, die Heimkehr steht bevor.
  Kehrt Er mit den Begnadigten zurück? –
  Dies ist ihr Fragen, dies ihr Flehen, –
  ihr Heil'gen, laßt erfüllt es sehen!
  Bleibt auch die Wunde ungeheilt, –
  o würd ihr Lindrung nur erteilt!

*Als er tiefer in das Tal hinabsteigen will, vernimmt er den Gesang
der Pilger und hält an*

ELISABETH *erhebt sich, dem Gesange lauschend.*
  Dies ist ihr Sang. – Sie sind's! Sie kehren heim!
  Ihr Heil'gen, zeigt mir jetzt mein Amt,
  daß ich mit Würde es erfülle!
WOLFRAM *während der Gesang sich langsam nähert.*
  Die Pilger sind's; – es ist die fromme Weise,
  die der empfangnen Gnade Heil verkündet.

O Himmel, stärke jetzt ihr Herz
für die Entscheidung ihres Lebens!
DIE ÄLTEREN PILGER *aus großer Ferne sich langsam der Bühne*
nähernd.
Beglückt darf nun dich, o Heimat, ich schauen,
und grüßen froh deine lieblichen Auen;
nun laß ich ruhn den Wanderstab,
weil Gott getreu ich gepilgert hab.
Durch Sühn und Buß hab ich versöhnt
den Herren, dem mein Herze frönt,
der meine Reu mit Segen krönt,
den Herren, dem mein Lied ertönt!

Hier betreten die Pilger die Bühne von rechts her, im Vordergrunde;
sie ziehen während des Folgenden an dem Bergvorsprunge vorbei
langsam das Tal entlang dem Hintergrunde zu

Der Gnade Heil ist dem Büßer beschieden,
er geht einst ein in der Seligen Frieden;
vor Höll und Tod ist ihm nicht bang,
drum preis ich Gott mein Lebelang.

Bereits dem Hintergrunde zugewendet, sich allmählich entfernend

Halleluja! Halleluja in Ewigkeit!

Sich immer mehr entfernend und endlich durch die Talöffnung
nach rechts verschwindend

Beglückt darf nun dich, o Heimat, ich schauen,
und grüßen froh deine lieblichen Auen!
Nun laß ich ruhn den Wanderstab …
ELISABETH *die von ihrem erhöhten Standpunkte aus mit großer Auf-*
regung unter den vorüberziehenden Pilgern nach Tannhäuser geforscht
hat, in schmerzlicher, aber ruhiger Fassung.
Er kehret nicht zurück!

Sie senkt sich mit großer Feierlichkeit auf die Knie

Allmächt'ge Jungfrau! Hör mein Flehen!
Zu dir, Gepries'ne, rufe ich!

Laß mich im Staub vor dir vergehen,
o! nimm von dieser Erde mich!
Mach, daß ich rein und engelgleich
eingehe in dein selig Reich!
Wenn je in tör'gem Wahn befangen
mein Herz sich abgewandt von dir,
wenn je ein sündiges Verlangen,
ein weltlich Sehnen keimt in mir: –
so rang ich unter tausend Schmerzen,
daß ich es töt in meinem Herzen. –
Doch, konnt ich jeden Fehl nicht büßen,
so nimm dich gnädig meiner an!
Daß ich mit demutvollem Grüßen
als würd'ge Magd dir nahen kann, –
um deiner Gnaden reichste Huld
nur anzuflehn für seine Schuld!

Sie verbleibt eine Zeitlang wie in andächtiger Entrücktheit; als sie 245 *sich dann langsam erhebt, erblickt sie Wolfram, welcher sich ihr nähert, um sie anzureden. – Sie bittet ihn durch eine Gebärde, nicht mit ihr zu sprechen*

WOLFRAM.
Elisabeth, dürft ich dich nicht geleiten?

Elisabeth drückt ihm abermals durch Gebärden aus: sie danke ihm und seiner treuen Liebe aus vollem Herzen; ihr Weg führe sie aber gen Himmel, wo sie ein hohes Amt zu verrichten habe – er solle sie daher ungeleitet gehen lassen, ihr aber auch nicht folgen. Sie besteigt die halbe Berghöhe und verschwindet allmählich auf dem Fußsteige, welcher auf dieser nach der Wartburg führt, nachdem man ihre Gestalt lange noch in der Entfernung erblickt hat. – Wolfram, der Elisabeth lange noch mit den Augen verfolgt hat, setzt sich am Fuße des linken Talhügels nieder und beginnt auf der Harfe zu spielen

Zweite Szene

WOLFRAM.

Wie Todesahnung Dämmrung deckt die Lande,
umhüllt das Tal mit schwärzlichem Gewande;
der Seele, die nach jenen Höh'n verlangt,
vor ihrem Flug durch Nacht und Grausen bangt.
Da scheinest du, o lieblichster der Sterne, –
dein sanftes Licht entsendest du der Ferne,
die nächt'ge Dämmrung teilt dein lieber Strahl,
und freundlich zeigst du den Weg aus dem Tal.
O du mein holder Abendstern,
wohl grüßt ich immer dich so gern;
vom Herzen, das sie nie verriet,
grüße sie, wenn sie vorbei dir zieht, –
wenn sie entschwebt dem Tal der Erden,
ein sel'ger Engel dort zu werden.

*Er verbleibt mit gen Himmel gerichtetem Auge, auf der Harfe
fortspielend*

Dritte Szene

*Es ist gänzlich Nacht geworden. Tannhäuser tritt auf: er trägt
zerrissene Pilgerkleidung, sein Antlitz ist bleich und entstellt; er
geht matten Schrittes an seinen Stab gestützt*

TANNHÄUSER *mit matter Stimme.*
Ich hörte Harfenschlag, wie klang er traurig!
Der kam wohl nicht von ihr!
WOLFRAM.
Wer bist du, Pilger,
der du so einsam wanderst?
TANNHÄUSER.
Wer ich bin? –
Kenn ich doch dich recht gut! Wolfram bist du,

Höhnisch

der wohlgeübte Sänger!

WOLFRAM *heftig auffahrend.*

Heinrich! Du?
Was bringt dich her in diese Nähe? Sprich!
Wagst du es, unentsündigt noch den Fuß
nach dieser Gegend herzulenken?

TANNHÄUSER.

Sei außer Sorg, mein guter Sänger!
Nicht such ich dich, noch deiner Sippschaft Einen. –

Mit unheimlicher Lüsternheit

Doch such ich wen, der mir den Weg wohl zeige, –
den Weg, den einst so wunderleicht ich fand –

WOLFRAM.

Und welchen Weg?

TANNHÄUSER.

Den Weg zum Venusberg!

WOLFRAM.

Entsetzlicher! Entweihe nicht mein Ohr!
Treibt es dich dahin?

TANNHÄUSER.

Kennst du wohl den Weg?

WOLFRAM.

Wahnsinn'ger! Grauen faßt mich, hör ich dich!
Wo warst du? Zogst du denn nicht nach Rom?

TANNHÄUSER *wütend.*

Schweig mir von Rom!

WOLFRAM.

Warst nicht beim heil'gen Feste?

TANNHÄUSER.

Schweig mir von ihm!

WOLFRAM.

So warst du nicht? Sag! – Ich
beschwöre dich!

TANNHÄUSER *wie sich besinnend, mit schmerzlichem Ingrimm.*

Wohl war auch ich in Rom …

WOLFRAM.

> So sprich! Erzähle mir! Unglücklicher!
> Mich faßt ein tiefes Mitleid für dich an!

Tannhäuser betrachtet Wolfram lange mit gerührter Verwunderung

TANNHÄUSER.

> Wie sagst du, Wolfram? Bist du denn nicht mein Feind?

WOLFRAM.

> Nie war ich es, solang ich fromm dich wähnte.
> Doch sag, du pilgertest nach Rom?

TANNHÄUSER.

> Nun denn, hör an! Du, Wolfram, du …sollst es erfahren.

> *Er setzt sich erschöpft am Fuße des Bergvorsprunges nieder;*
> *Wolfram will sich an seiner Seite ebenfalls niederlassen*

> Zurück von mir! Die Stätte, wo ich raste,
> ist verflucht!

> *Wolfram bleibt in geringer Entfernung vor Tannhäuser stehen*

> Hör an, Wolfram! Hör an!
> Inbrunst im Herzen, wie kein Büßer noch
> sie je gefühlt, sucht ich den Weg nach Rom.
> Ein Engel hatte, ach! der Sünde Stolz
> dem Übermütigen entwunden;
> für ihn wollt ich in Demut büßen,
> das Heil erflehn, das mir verneint –
> um ihm die Träne zu versüßen,
> die er mir Sünder einst geweint! –
> Wie neben mir der schwerstbedrückte Pilger
> die Straße wallt, erschien mir allzuleicht: –
> betrat sein Fuß den weichen Grund der Wiesen,
> der nackten Sohle sucht ich Dorn und Stein;
> ließ Labung er am Quell den Mund genießen,
> sog ich der Sonne heißes Glühen ein;
> wenn fromm zum Himmel er Gebete schickte,
> vergoß mein Blut ich zu des Höchsten Preis;
> als im Hospiz der Müde sich erquickte,

die Glieder bettet ich in Schnee und Eis; –
verschloßnen Augs, ihr Wunder nicht zu schauen,
durchzog ich blind Italiens holde Auen. –
Ich tat's, denn in Zerknirschung wollt ich büßen,
um meines Engels Tränen zu versüßen!
Nach Rom gelangt ich so zur heil'gen Stelle,
lag betend auf des Heiligtumes Schwelle: –
der Tag brach an; da läuteten die Glocken, –
hernieder tönten himmlische Gesänge: –
da jauchzt es auf in brünstigem Frohlocken,
denn Gnad und Heil verhießen sie der Menge.
Da sah ich ihn, durch den sich Gott verkündigt, –
vor ihm all Volk im Staub sich niederließ.
Und Tausenden er Gnade gab, entsündigt
er Tausende sich froh erheben hieß –
Da naht auch ich, das Haupt gebeugt zur Erde,
klagt ich mich an mit jammernder Gebärde
der bösen Lust, die meine Sinn empfanden,
des Sehnens, das kein Büßen noch gekühlt;
und um Erlösung aus den heißen Banden
rief ich ihn an, von wildem Schmerz durchwühlt …
Und er, den so ich bat, hub an:
»Hast du so böse Lust geteilt,
dich an der Hölle Glut entflammt,
hast du im Venusberg geweilt,
so bist nun ewig du verdammt!
Wie dieser Stab in meiner Hand
nie mehr sich schmückt mit frischem Grün,
kann aus der Hölle heißem Brand
Erlösung nimmer dir erblühn!«
Dann sank ich in Vernichtung dumpf darnieder, –
die Sinne schwanden mir … Als ich erwacht,
auf ödem Platze lagerte die Nacht, –
von fern her tönten frohe Gnadenlieder …
Da ekelte mich der holde Sang!
Von der Verheißung lügnerischem Klang,
der eiseskalt mir durch die Seele schnitt,

248

trieb Grauen mich hinweg mit wildem Schritt!
Dahin zog's mich, wo ich der Wonn und Lust
so viel genoß, an ihre warme Brust!

In grauenhafter Begeisterung

Zu dir, Frau Venus, kehr ich wieder,
in deiner Zauber holde Nacht;
zu deinem Hof steig ich darnieder,
wo nun dein Reiz mir ewig lacht!
WOLFRAM.
Halt ein! Halt ein, Unsel'ger!
TANNHÄUSER.
Ach, laß mich nicht vergebens suchen!
Wie leicht fand ich doch einsten dich!
Du hörst, daß mir die Menschen fluchen, –
nun, süße Göttin, leite mich!

Finstere Nacht; leichte Nebel verhüllen allmählich die Szene

WOLFRAM *in heftigem Grausen.*
Wahnsinniger! Wen rufst du an?
TANNHÄUSER.
Ha! Fühlest du nicht milde Lüfte?
WOLFRAM.
Zu mir! Es ist um dich getan!
TANNHÄUSER.
Und atmest du nicht holde Düfte?

Die Nebel beginnen in rosiger Dämmerung zu erglühen

Hörst du nicht jubelnde Klänge?
WOLFRAM.
In wildem Schauer bebt die Brust!
249 TANNHÄUSER *immer aufgeregter, je näher der Zauber kommt.*
Das ist der Nymphen tanzende Menge!
Herbei! Herbei! Herbei, herbei zu Wonn und Lust!

Wirre Bewegungen tanzender Gestalten werden erkennbar

WOLFRAM.

Weh! Böser Zauber tut sich auf!

Die Hölle naht mit wildem Lauf!

TANNHÄUSER.

Entzücken dringt durch meine Sinne,

gewahr ich diesen Dämmerschein!

Dies ist das Zauberreich der Minne,

außer sich

im Venusberg drangen wir ein!

In einer hellen rosigen Beleuchtung erscheint Venus, auf ihrem
Lager ruhend

VENUS.

Willkommen, ungetreuer Mann!

Schlug dich die Welt mit Acht und Bann?

Und findest nirgend du Erbarmen,

suchst Liebe du in meinen Armen?

TANNHÄUSER.

Frau Venus, oh, Erbarmungsreiche!

Zu dir, zu dir zieht es mich hin!

WOLFRAM.

Zauber der Hölle weiche, weiche!

Berücke nicht des Reinen Sinn!

VENUS.

Nahst du dich wieder meiner Schwelle,

sei dir dein Übermut verziehn;

ewig fließe dir der Freuden Quelle,

und nimmer sollst du von mir fliehn!

TANNHÄUSER *indem er sich mit wilder Entschlossenheit von Wolfram*
losreißt.

Mein Heil, mein Heil hab ich verloren,

nun sei der Hölle Lust erkoren!

WOLFRAM.

Allmächt'ger! Steh dem Frommen bei!

Er hält Tannhäuser von neuem

Heinrich! Ein Wort, es macht dich frei!
Dein Heil!

TANNHÄUSER *zu Wolfram.*

Laß ab! Laß ab von mir!

VENUS *in keimender Angst.*

O komm! O komm! Auf ewig sei nun mein!

WOLFRAM.

Noch soll das Heil dir Sünder werden!

Tannhäuser und Wolfram ringen heftig

TANNHÄUSER.

Nie, Wolfram! Nie! Ich muß dahin!

VENUS.

O komm! Komm, o komm! Zu mir! Zu mir!

WOLFRAM.

Ein Engel bat für dich auf Erden,
bald schwebt er segnend über dir:
Elisabeth!

TANNHÄUSER *der sich soeben losgerissen, bleibt plötzlich wie an die Stelle geheftet.*

Elisabeth!

250 *Die Nebel verfinstern sich allmählich: heller Fackelschein leuchtet dann durch sie auf*

MÄNNERGESANG *hinter der Szene.*

Der Seele Heil, die nun entflohn
dem Leib der frommen Dulderin!

WOLFRAM *in erhabener Rührung.*

Dein Engel fleht für dich an Gottes Thron,
er wird erhört – Heinrich, du bist erlöst!

VENUS.

Weh! Mir verloren!

Sie verschwindet, und mit ihr die ganze zauberische Erscheinung. Das Tal, vom Morgenrot erleuchtet, wird wieder sichtbar. Von der Wartburg her geleitet ein Trauerzug einen offenen Sarg

MÄNNERGESANG.

Ihr ward der Engel sel'ger Lohn,
himmlischer Freuden Hochgewinn!

WOLFRAM *Tannhäuser sanft umschlungen haltend.*

Und hörst du den Gesang?

TANNHÄUSER *ersterbend.*

Ich höre!

*Von hier an betritt der Trauerzug die Tiefe des Tales, die älteren
Pilger voran; den offenen Sarg mit der Leiche Elisabeths tragen
Edle, der Landgraf und die Sänger geleiten ihn zur Seite, Grafen
und Edle folgen*

MÄNNERGESANG.

Heilig die Reine, die nun vereint
göttlicher Schar vor dem Ewigen steht!
Selig der Sünder, dem sie geweint,
dem sie des Himmels Heil erfleht!

*Auf Wolframs Bedeuten ist der Sarg in der Mitte der Bühne
niedergesetzt worden. Wolfram geleitet Tannhäuser zu der Leiche,
an welcher dieser niedersinkt*

TANNHÄUSER.

Heilige Elisabeth, bitte für mich!

Er stirbt

DIE JÜNGEREN PILGER *während des Sonnenaufgangs die Bühne
vom Vordergrund her betretend.*

Heil! Heil! Der Gnade Wunder Heil!
Erlösung ward der Welt zuteil.
Es tat in nächtlich heil'ger Stund
der Herr sich durch ein Wunder kund:
Den dürren Stab in Priesters Hand
hat er geschmückt mit frischem Grün:
dem Sünder in der Hölle Brand
soll so Erlösung neu erblühn!
Ruft ihm es zu durch alle Land,
der durch dies Wunder Gnade fand!

251

Hoch über aller Welt ist Gott,
und sein Erbarmen ist kein Spott!
Halleluja! Halleluja!
Halleluja!

LANDGRAF, RITTER, SÄNGER UND DIE ÄLTEREN PILGER *in
höchster Ergriffenheit.*
Der Gnade Heil ist dem Büßer beschieden
er geht nun ein in der Seligen Frieden!

Biographie

1813 *22. Mai:* Richard Wagner wird in Leipzig geboren. Er ist das neunte Kind des Polizeibeamten Karl Friedrich Wagner, welcher im November desselben Jahres verstirbt, und dessen Frau Johanna Rosine.

1814 Wagners Mutter heiratet den Maler und Schauspieler Ludwig Geyer und zieht mit der Familie nach Dresden um.

1821 Geyer, Wagners Stiefvater, stirbt.
Der Verlust der Vaterfiguren sollte später zu einem Leitmotiv in Wagners Werken werden.

1828 Wagner besucht das Nikolai-Gymnasium in Leipzig.
1830 geht er auf die Thomas-Schule.

1830 Seine »Ouvertüre in B-Dur« wird in Leipzig uraufgeführt.

1831 Er beginnt ein Musik-Studium an der Leipziger Universität, ab Herbst ist er Schüler des Thomaskantors Theodor Weinling.

1833 Wagner wird von seinem Bruder Albert Wagner als Chordirektor nach Würzburg geholt. Dort beginnt er bald mit der Arbeit an seiner ersten Oper, »Die Feen«, welche posthum 1888 in München uraufgeführt wird.

1834 Er wird Musikdirektor der »Magdeburger Theatergruppe Bethmann« in Lauchstädt.

1834 Wagner ist bis 1836 Musikdirektor in Magdeburg. In dieser Zeit wird die Oper »Das Liebesverbot« uraufgeführt.

1836 Wagner zieht nach Königsberg um, weil Minna Planer, die er in Magdeburg kennengelernt hat, dort engagiert ist.
24. November: Wagner heiratet die Schauspielerin Minna Planer.

1837 Nach einem kurzen Zwischenspiel als Musikdirektor in Königsberg nimmt er die Stelle des Musikdirektors in Riga an.

1839 Wagner hat Schulden gemacht und muß nun zusammen mit seiner Frau vor seinen Gläubigern aus Riga flüchten; diese Flucht führt ihn über Norwegen und London nach Paris, wo er die nächsten, für ihn entbehrungsreichen, drei Jahre verbringen und u.a. Giacomo Meyerbeer und Heinrich Heine kennenlernen wird.

1840 Die Novelle »Eine Pilgerfahrt zu Beethoven« wird veröffentlicht und Wagner schließt die Komposition »Rienzi« ab.

1842 Wagner kehrt nach Deutschland zurück.

20. Oktober: In Dresden wird »Rienzi« uraufgeführt. Die Oper wird als Meilenstein gefeiert.

1843 Der »Fliegende Holländer« wird mit Wagner als Dirigent uraufgeführt, verarbeitet wird hier u.a. Wagners Flucht von 1839, das Stück hatte er bereits in Paris fertiggestellt. Das Publikum reagiert verhalten.

2. Februar: Wagner wird zum Königlich Sächsischen Hofkapellmeister ernannt.

Während seiner Reisen und der Arbeiten an seinen Entwürfen beschäftigt sich Wagner mit alter deutscher Literatur und germanischer Mythologie.

1845 *19. Oktober:* Der »Tannhäuser« wird uraufgeführt. Auch dieses Stück findet eher gemäßigte Aufnahme.

1848 »Wie verhalten sich republikanische Bestrebungen dem Königtum gegenüber?«: Wagner verliest diese selbstgeschriebene Abhandlung im Dresdner Vaterlandsverein.

1849 Wagner lernt den Anarchisten Bakunin kennen und beteiligt sich in Dresden am Mai-Aufstand gegen die sächsischen und preussischen Truppen, Folge: ab dem 16. Mai wird er steckbrieflich gesucht. Ende Mai flieht er deswegen mit Hilfe von Franz Liszt nach Zürich. Bis 1858 wird er in seinem Schweizer Exil bleiben.

Seine programmatische Schrift »Das Kunstwerk der Zukunft« erschient in Leipzig.

1850 Der »Lohengrin« wird in Weimar uraufgeführt.

Das Pamphlet »Judentum in der Musik« erscheint.

1851 »Eine Mittheilung an meine Freunde«, eine weitere programmatische Schrift, erscheint.

1852 Die Schrift »Oper und Drama« erscheint in drei Bänden.

Wagner lernt Mathilde und Otto Wesendonck in Zürich kennen. Seine komplizierte Beziehung zu Mathilde sollte Einfluss auf den »Tristan« haben.

1853 Wagner lernt die 18jährige Cosima von Bülow, geb. Liszt, in Paris kennen.

1854 Studium von Schopenhauers Hauptwerk »Die Welt als Wille und Vorstellung«.

1855 Wagner geht für acht Konzerte als Dirigent nach London.

1857 Das Ehepaar Wesendonck richtet bei Zürich ein »Asyl« ein, in das Wagner für kurze Zeit einzieht.

1858 *17. August:* Wagner zieht aus dem »Asyl« aus und reist nach Venedig.

1860 Er gibt Konzerte in Brüssel und Paris.
Juli: Wagner erhält politische Amnestie.

1861 *13. März:* In Paris bricht der »Tannhäuser-Skandal« aus.

1862 Er reist durch verschiedene Städte, z.B. Dresden, Wien und Karlsruhe. Am 7. November begegnen er und seine Frau Minna sich zum letzten Mal.

1863 Wagner gibt Konzerte u.a. in St. Petersburg, Prag, Budapest und Wien.

1864 Er hat erneut Schulden und muß nun aus Wien vor Gläubigern flüchten.
4. Mai: Er wird nach München berufen und begegnet dort zum ersten Mal König Ludwig II. von Bayern.

1865 *Mai:* Cosima bringt Wagners erstes Kind, Isolde, zur Welt.
Juni: »Tristan und Isolde« wird in München uraufgeführt.

1866 *25. Januar:* Seine Frau Minna stirbt in Dresden. Wagner mietet sich ein Haus am Vierwaldstätter See.

1868 *21. Juni:* Mit der Uraufführung der »Meistersinger« in München gelingt Wagner ein großer Erfolg.
Im November lernt Wagner Nietzsche in Leipzig kennen.

1869 *6. Juni:* Siegfried Wagner wird geboren.
»Das Rheingold« wird in München gegen Wagners Willen auf Befehl Ludwigs II. uraufgeführt.

1870 Die »Walküre« wird in München uraufgeführt.
25. August: Richard Wagner heiratet Cosima in Luzern, nachdem sie sich wenige Wochen vorher von Wagners Freund Hans von Bülow hatte scheiden lassen.

1871 Fürst Bismarck empfängt Wagner.

1872 *22. Mai:* Zum Bau des Bayreuther Festspielhauses wird der Grundstein gelegt.

1874 *28. April:* Wagner zieht nach Bayreuth in das Haus Wahnfried.

1876 Wagners Honorarkomposition »Festmarsch zur Feier des

100jährigen Jubiläums der amerikanischen Unabhängigkeit«
wird veröffentlicht.

13. August: Die ersten Bayreuther Festspiele werden mit
»Rheingold« eröffnet. Uraufführung von »Siegfried« und »Götterdämmerung«.

1877 In London gibt Wagner acht Konzerte in der Royal Albert Hall;
Königin Victoria empfängt ihn auf Schloss Windsor.

1882 *26. Juli:* »Parsifal« wird im Bayreuther Festspielhaus bei den
zweiten Festspielen uraufgeführt.

1883 *13. Februar:* Richard Wagner stirbt in Venedig an einem
Herzleiden und wird am *18. Februar* im Garten von Haus
Wahnfried bestattet.

Erzählungen aus dem Biedermeier

Biedermeier - das klingt in heutigen Ohren nach langweiligem Spießertum, nach geschmacklosen rosa Teetässchen in Wohnzimmern, die aussehen wie Puppenstuben und in denen es irgendwie nach »Omma« riecht.

Zu Recht. Aber nicht nur.

Biedermeier ist auch die Zeit einer zarten Literatur der Flucht ins Idyll, des Rückzuges ins private Glück und der Tugenden. Die Menschen im Europa nach Napoleon hatten die Nase voll von großen neuen Ideen, das aufstrebende Bürgertum forderte und entwickelte eine eigene Kunst und Kultur für sich, die unabhängig von feudaler Großmannssucht bestehen sollte.

Georg Büchner Lenz **Karl Gutzkow** Wally, die Zweiflerin **Annette von Droste-Hülshoff** Die Judenbuche **Friedrich Hebbel** Matteo **Jeremias Gotthelf** Elsi, die seltsame Magd **Georg Weerth** Fragment eines Romans **Franz Grillparzer** Der arme Spielmann **Eduard Mörike** Mozart auf der Reise nach Prag **Berthold Auerbach** Der Viereckig oder die amerikanische Kiste

ISBN 978-3-8430-1884-5, 444 Seiten, 29,80 €

Erzählungen aus dem Biedermeier II

Annette von Droste-Hülshoff Ledwina **Franz Grillparzer** Das Kloster bei Sendomir **Friedrich Hebbel** Schnock **Eduard Mörike** Der Schatz **Georg Weerth** Leben und Taten des berühmten Ritters Schnapphahnski **Jeremias Gotthelf** Das Erdbeerimareili **Berthold Auerbach** Lucifer

ISBN 978-3-8430-1885-2, 440 Seiten, 29,80 €

Erzählungen aus dem Biedermeier III

Eduard Mörike Lucie Gelmeroth **Annette von Droste-Hülshoff** Westfälische Schilderungen **Annette von Droste-Hülshoff** Bei uns zulande auf dem Lande **Berthold Auerbach** Brosi und Moni **Jeremias Gotthelf** Die schwarze Spinne **Friedrich Hebbel** Anna **Friedrich Hebbel** Die Kuh **Jeremias Gotthelf** Barthli der Korber **Berthold Auerbach** Barfüßele

ISBN 978-3-8430-1886-9, 452 Seiten, 29,80 €